Curaçao 2017

Die niederländische Perle der Karibik

Bibliografische Information der Deutschen Nationalbibliothek:
Die Deutsche Nationalbibliothek verzeichnet diese Publikation in der Deutschen Nationalbibliografie; detaillierte bibliografische Daten sind im Internet über http://dnb.dnb.de abrufbar.

2. Auflage, August 2016
© 2016 Calmondo; Dirk Schwenecke
Herausgeber: Calmondo
Autor: Dirk Schwenecke
Illustrationen, Fotos & grafisches Konzept: Dirk Schwenecke
Herstellung und Verlag: BoD – Books on Demand, Norderstedt
ISBN: 978-3738629385

Der Sinn des Reisens besteht darin,
unsere Phantasien durch die Wirklichkeit zu korogieren.
Statt uns die Welt vorzustellen, wie sie sein könnte,
sehen wir sie wie sie ist.

Samuel Johnson (1696 1772)

Bon Bini – Willkommen auf Curaçao

Die Niederländischen Antillen

Die Inseln der Niederländischen Antillen befinden sich in der südlichen Karibik, im südamerikanischen Raum. Zu Ihnen zählen Curaçao, die Nachbarinsel Bonaire sowie die 1.000 Kilometer entfernten Sint Maarten, Sint Eustatius und Saba. Zusammen mit Bonaire und Aruba bildet Curaçao die Gruppe der ABC-Inseln.

Da diese Region der Karibik unterhalb des Hurrikangürtels liegt, werden sie ebenso als „Inseln unter dem Winde" bezeichnet. Die fünf Inseln der Antillen bilden als Teil des Königreiches der Niederlande autonome Territorien. Aufgrund dessen werden die Außenpolitik, das Passwesen und die Armee durch die Niederlande mit ihrem Staatsoberhaupt König Willem-Alexander geregelt. Sämtliche Einwohner von Curaçao besitzen demnach einen niederländischen Pass und alle Rechte eines Bürgers der EU.

Trotz der geringen Entfernung von Curaçao zu Bonaire und Aruba, unterscheiden sich die drei Inseln wesentlich voneinander.

Bonaire ist die flächenmäßig zweitgrößte der ABC-Inseln, besitzt jedoch nur ein Zehntel der Einwohnerzahl von Curaçao. Aufgrund ihres nicht sonderlich hohen Touristenaufkommens wahrt sie sich ihren Ruf als naturbelassenste Insel und gilt als ein wahres Paradies für Taucher. Aruba stellt, wenngleich es sich um die kleinste der drei ABC-Inseln handelt, mit ihrem enormen touristischen Aufkommen das komplette Gegenteil dar. Mit mehr als 850.000, vorwiegend amerikanischen Reisenden, beherbergt die Insel etwa doppelt so viele Besucher wie Curaçao.

Curaçao

Curaçao, die größte der drei ABC-Inseln, liegt etwa 80 Kilometer nördlich vor der Küste Venezuelas und annähernd 7.800 Kilometer von den Niederlanden entfernt. Mit ihren etwa 70 Kilometern Länge und einer Breite von bis zu 14 Kilometern umfasst sie eine Fläche von etwa 444 km².

Von den rund 145.000 Einwohnern leben etwa 125.000 in Willemstad, der Hauptstadt der Insel. Das Zentrum, mit den beiden historischen Stadtteilen Punda und Otrabanda, steht mit seinen weltberühmten bunten Kolonialhäusern unter dem Schutz des UNESCO-Weltkulturerbes. Als zu Beginn des 20. Jahrhunderts der Shell-Konzern eine seiner Raffinerien direkt in Willemstad in Betrieb nahm, strömte eine Vielzahl an Menschen aus aller Welt auf die Insel. All diejenigen, die an dem großen Wirtschaftsboom teilhaben wollten, brachten ihre eigene Kultur sowie ihre Lebens- und Essgewohnheiten mit.

Diesen vielen kulturellen Einflüssen ist es zu verdanken, dass Curaçao zu einer der vielseitigsten Inseln der Karibik zählt. Neben den wunderschönen Tauch- und Schnorchel-Gebieten bietet sie ihren Besuchern abwechslungsreiche Ausflugs- und Freizeitmöglichkeiten inmitten einer beeindruckenden und facettenreichen Landschaft. So sind die wunderschön restaurierten Landhäuser der ehemaligen Plantagen heute größtenteils für die Öffentlichkeit zugänglich.
Die Landsitze mit ihrem einzigartigen Ambiente ziehen eine Vielzahl Besucher an und werden heute vor allem als Kunstatelier, Museum, Pension, Restaurant oder als Veranstaltungsort für beispielsweise Partys oder Vorlesungen genutzt.
Zu den populärsten der mehr als 50 Herrenhäuser zählen das Landhaus Ascension, Knip, Savonet sowie das Landhaus Chobolobo.
Mit dem Christoffel Nationalpark im Norden von Curaçao und dem Shete Boka Nationalpark an der rauen Nordostküste können Sie zwei beeindruckende Naturschutzreservate, die unterschiedlicher nicht sein können, erkunden.
Entlang der Westküste erstreckt sich mit den zahllosen weißen Sandstränden ein wahres Paradies für Sonnenanbeter.
Das sanfte Rauschen des kristallklaren, flach abfallenden Wassers lässt Sie endgültig den Alltag vergessen.

Pflanzenwelt auf Curaçao

Die Vegetation auf Curaçao hat sich längst den trockenen und windigen Klimaverhältnissen angepasst. Zu den mehr als 450 Pflanzenarten gehört vor allem die Gruppe der Kakteengewächse. Mit ihren kleinen Blättern, den Dornen, haben sie sich dem Klima bestens angepasst. Zu den größten Kakteen der Insel gehören der Kadushi und der Yatu. Mit einer Höhe von bis zu neun Metern überragen sie stellenweise ihre Umgebung und wirken wie Türme in der sonst so flachen Landschaft. Durch ihr enormes Gewicht knicken die majestätisch anmutenden Gewächse teilweise komplett ab und hinterlassen faszinierende Gebilde mit erstaunlichen Formen.

Auf einigen Plantagen wird Aloe Vera als Grundessenz für die Herstellung von Kosmetikartikeln und Lebensmitteln kultiviert. Die bekannteste und größte Plantage ist die im Jahr 1999 in Betrieb genommene *Aloe Vera Farm* am Stadtrand von Willemstad.

Zu den wohl charakteristischsten Bäumen auf Curaçao zählt der Divi-Divi-Baum. Die stetig wehenden Passatwinde aus östlicher Richtung sind der Grund für die schräge Wuchsrichtung der Bäume. Ein weiteres Merkmal sind die länglich geschwungenen Schoten. Die Hülsen mit ihrem hohen Taningehalt von etwa 60% wurden in der Vergangenheit bevorzugt zum Gerben verwendet. Andere bekannte Baumarten auf der Insel sind der Lignum Vitae, die Kalebassenbäume und der Manzaliña. Während der Blütezeit ist der Lignum Vitae, dessen hartes, harzhaltiges Holz vorwiegend im Schiffsbau Verwendung fand, komplett mit blauen Blüten und orangefarbenen Blättern versehen. Der Kalebassenbaum gehört zu den Trompetengewächsen. Die Früchte des bis zu zehn Meter hohen Laubbaumes erinnern an kleine Kürbisse. Wegen ihrer dünnen und sehr robusten Schale werden sie vor allem als Trinkgefäße, so genannte Kalebassen, verwendet. Besondere Vorsicht sollten Sie dem Manzaliña Baum entgegenbringen. Seine giftigen Beeren können die Haut schädigen und zu Verbrennungen führen. Den Baum erkennen Sie an seinem struppigen dunklen Bast und den kleinen grünen Blättern. Pflanzenliebhaber kommen im Christoffelpark, welcher sich im Norden der Insel befindet, voll auf ihre Kosten.

Entlang der verschiedenen Wanderwege können Sie viele Orchideen und Bromeliengewächse entdecken. Die weiße Brassavola Nodosa blüht vorwiegend von Dezember bis Januar, die lila blühende Myrmecophila humboldtia von Juli bis August. Ein weiteres einzigartiges Bromeliengewächs ist der Teku. Die schmalen rinnenartigen Blätter der Pflanze bilden eine Runde Struktur. Außergewöhnlich sind die leuchtend rote Farbe der Blattansätze sowie die kleinen rosafarbenen Blüten.

Tierwelt auf Curaçao

Zu den größten und imposantesten Reptilien auf Curaçao gehört ohne Zweifel der Leguan, auch Iguana genannt. Oft sonnen sie sich zum Regulieren ihrer Körpertemperatur auf Steinen und Felsen. Die exzellent getarnten Tiere können eine Körperlänge von bis zu zwei Metern erreichen. Bis zu 17 Eier vergraben die weiblichen Tiere in den Sandboden, nach drei Monaten brüten die etwa 70 Millimeter großen Tiere aus und graben sich zur Erdoberfläche hinauf. Entlang der Straßen, der Felsen aber auch an Hauswänden werden Sie zahlreiche kleine Eidechsen beim Sonnenbaden beobachten können. Die Weibchen sowie die Jungtiere weisen eine bräunliche Färbung auf. Die männlichen Tiere haben einen blauen Kopf und einen grünlichen Körper.

Mit etwas Glück werden Sie, besonders in der bergigen Region rund um den Christoffel, Nattern, Grasschlangen und Silberschlangen entdecken können. Diese sind weder giftig noch aggressiv. Die bis zu zehn Zentimeter langen Silberschlangen leben tagsüber versteckt unter Steinen.

Die Nattern können bis zu einem Meter lang werden. Erkennungszeichen der gräulich gefärbten Tiere sind drei dunkle Längsstreifen auf dem Rücken. Als Nahrungsgrundlage gelten neben Mais ebenso Eidechsen und Frösche. Auf der Insel gibt es nur eine Froschart, den so genannten Dori. Die roten Flecken auf den Oberschenkeln und der Hüfte sind seine Markenzeichen. Auf Curaçao existieren ebenso einige Säugetierarten. Darunter befindet sich neben Kaninchen, Hasen und Fledermäusen eine, in der Karibik nur noch auf der Insel Margarita vorkommende Hirschart, den Weißwedelhirschen. Im Christoffelpark sind etwa 250 dieser scheuen Hirsche sesshaft. An einigen kleinen Strandabschnitten entlang der rauen Ostküste von Curaçao, wie etwa jene im Shete Boka Nationalpark, können Sie mit etwas Glück Schildkröten bei der Eiablage sichten.

Die Vogelwelt auf Curaçao ist sehr artenreich und vielfältig. Einen besonders schönen Gesang besitzt der Trupial. Der Kopf, die Brust und große Teile seines Flügels sind schwarz gefiedert mit weißen Streifen. Der Unterleib leuchtet in orangefarbenen Tönen. Der Karaka ist ein bis zu 61 Zentimeter großer Raubvogel und gehört zu der Gruppe der Falken. Besonders charakteristisch sind die schwarze Haube auf dem Kopf sowie der weißschwarz gepunktete Brustbereich. Das helle Federkleid verläuft in ein dunkelbraunes bis schwarzes Gefieder am Bauch. Als Nahrungsquelle dienen dem Karaka kleine Säugetiere und Jungvögel. Entlang der Westküste, können Sie sehr oft Flamingos entdecken. Sie halten sich vorwiegend in den flachen Gewässern der ehemaligen Salinen, auf.

Willemstad

Das historische Stadtzentrum von Willemstad ist ein eindrucksvolles Beispiel für die Integrität von kulturellen Werten in einer stetig wachsenden Gemeinschaft. Die vielen farbenfrohen Kolonialhäuser mit ihrer imposanten und bedeutsamen Architektur sind Zeugen der niederländischen Kolonialisierung während des 17. Jahrhunderts.

Wie eine karibische Version von Amsterdam wirkt die in den letzten Jahrzenten aufwendig sanierte und restaurierte Hafenstadt.

Der Unterstützung durch die „Stichting Monumentenzorg Nederlands Antillen", der EU, den Niederlanden und der UNESCO ist es zu verdanken, dass die gesamte Altstadt von Willemstad komplett restauriert werden konnte. Innerhalb von etwa 15 Jahren konnte so der Großteil der historischen Stadtteile wieder aufgebaut werden. Das Projekt „Wiederaufbau" gilt seit dem Jahr 2000 weitestgehend als abgeschlossen.

Punda

Der älteste Stadtteil von Willemstad wird nicht ohne Grund als „Amsterdam der Tropen" bezeichnet. Besonders die vielen Kolonialhäuser entlang der berühmten Handelskade, in der Breedestraat und in der Heerenstraat wissen mit ihrer eindrucksvollen Architektur zu faszinieren. Da die ehemals weiße Farbe der Häuserfassaden die Sonnenstrahlen stark reflektierte und die Einwohner blendete, erstrahlen die Gebäude heute in wunderschönen Pastelltönen. Das Resultat ist ein weltweit seinesgleichen suchendes Stadtzentrum, welches im Jahr 1997 zu Recht als Weltkulturerbe in die UNESCO aufgenommen wurde. Im Laufe der Jahrzehnte verlor Punda seine Funktion als Wohnviertel und wurde zunehmend zu dem heutigen Touristenzentrum mit Banken, zahlreichen Geschäften, Büros und Regierungsgebäuden. Erliegen Sie bei einem Spaziergang durch die Altstadt dem einzigartigen Charme der vielen restaurierten Bauwerke mit ihren exquisiten Geschäften sowie den einladenden Restaurants und Cafés. Zu den Wahrzeichen der Stadt gehören das Penha Haus, direkt neben der Queen Emma Brücke, der Floating Market sowie die Handelskade. Vom Penha Haus aus erreichen Sie nach wenigen Minuten das berühmte Fort Amsterdam mit dem Gouverneurspalast und der Fort Church.

Wenn Sie das Fort passieren, gelangen Sie kurz darauf zu dem Waterfort, einer ehemaligen Befestigungsanlage zur Sicherung der Hafeneinfahrt. Heute befinden sich hier kleine Souvenirshops und Restaurants in einem wunderschön romantischen Ambiente.

Queen Emma Bridge

Die liebevoll als „Swinging Old Lady" bezeichnete Queen Emma Bridge verbindet seit dem Jahr 1988 die beiden historischen Stadtteile Punda und Otrabanda. Mit 171 Metern Länge ist sie die älteste, am längsten nicht militärisch genutzte Ponton Brücke der Welt.

Durch das Wachstum der Stadt sollte es mit der Zeit eine Notwendigkeit werden, eine Brücke über die Sint Annabaai zu errichten.

Aufgrund der Städtestruktur war es zu damaliger Zeit unmöglich einen traditionellen Übergang zu konstruieren ohne einige historische Gebäude abreißen zu müssen. Die Lösung einer schwimmenden Brücke durch Leonard Burlington Smith sollte stattdessen das Antlitz der Innenstadt erhalten. Die auf 16 Pontonschiffchen schwimmende Queen Emma Bridge war ursprünglich lediglich 20 Fuß, umgerechnet etwa 6 Meter, breit und wurde mit Hilfe von Dampfmaschinen betrieben. In den Anfangsjahren betrug die Mautgebühr für das Überqueren der Sint Annabaai zwei Cent für Fußgänger sowie 25 Cent für Pferde.

Das erhöhte Schifffahrtsaufkommen hatte zur Folge, dass die Königin Emma Brücke im Jahr 1938 verbreitert werden musste. Trotz der Umbaumaßnahmen sorgte das stetig steigende Verkehrsaufkommen im Hafenbereich zu langen Wartezeiten.

Schließlich beschloss die Stadt den Bau der Königin Juliana Brücke. Mit einer Höhe von etwa 55 Metern ist sie noch heute die höchste Brücke der Karibik und einer der höchsten weltweit. Mit der offiziellen Eröffnung der Brücke im Jahr 1974 wurde die Queen Emma Bridge endgültig für den Fahrverkehr geschlossen. Inzwischen ist die „Swinging Old Lady" eines der bekanntesten Wahrzeichen und Touristenziele auf Curaçao.

Mit Hilfe von zwei Hochleistungsmotoren kann die Pontonbrücke von Punda aus ablegen und in Richtung Otrabanda gefahren werden, wo sie letztendlich parallel zum De Rouvillenweg andockt. Während sie angedockt und somit nicht passierbar ist, stehen den Besuchern zwei gebührenfreie Fähren zur Verfügung.

Die so genannten *Ponchi* befinden sich nur wenige Meter von der Queen Emma Bridge entfernt.

Fort Amsterdam

Nachdem die Niederländer, unter dem Kommando von Johan van Walbeeck, die Insel Curaçao im Jahre 1634 von den Spaniern zurückeroberten, musste zum Schutz der Innenstadt eine Festung errichtet werden.

Die Mündung der Sint Annabaai war aus strategischer Sicht der optimale Ort für die Errichtung einer solchen Wehranlage. Das im Jahr 1635 errichtete Fort Amsterdam ist das bedeutendste und wichtigste von insgesamt acht Forts auf Curaçao. Nach dem Bau des Waterfort in den Jahren zwischen 1826 und 1830 verlor das Fort Amsterdam jedoch seine defensive Bedeutung. In dem Fort befanden sich von nun an die Wohnungen des Direktors der West Indian Company und dessen Truppen sowie die Garnisonskirche, Lager und Wasserreservoirs.

Gouverneurspalast

Hinter dem Eingangsbereich des Fort Amsterdam befindet sich das im Jahr 1635 erbaute Haus des Direktors der „West Indian Company". Das Erdgeschoss des zweistöckigen Gebäudes wurde zunächst als Lager genutzt. Einige Zeit später ließ Johan van Walbeeck seine Residenz mit dem Erdgeschoss verbinden; hier befand sich von diesem Zeitpunkt an ein großer Speisesaal für den Gästeempfang. Im Laufe der Jahrhunderte fanden zahlreiche Umbauten statt. Durch den radikalen Lebenswandel, den vor allem die Erfindung der Dampfschifffahrt mit sich brachte, wuchs die Notwendigkeit einen gewissen Komfort für die europäischen Damen und Herren entstehen zu lassen.

Aus diesem Grund wurden die Fassaden vollständig im Stile des Neoklassizismus restauriert. Besonders charakteristisch für diesen Baustil ist vor allem die Tempelfront mit den Pilastern und dem verzierten Giebeldreieck.

Fort Church

Der Bau der protestantischen Kirche begann im Jahr 1763 und dauerte bis in das Jahr 1779 an. Während der Angriffe durch die Engländer im Jahr 1804 wurde die Kirche schwer beschädigt. Als Erinnerung an dieses historische Ereignis befindet sich noch heute eine der Kanonenkugeln über dem linken Eingang der Fort Church. Der Turm des ältesten, täglich genutzten Gotteshauses auf Curaçao war zu Beginn achteckig und erhielt erst im Jahr 1903 seine heutige runde Form. Das ursprüngliche Uhrwerk stammt aus dem Jahr 1788 und war ein Geschenk des niederländischen Kapitäns Dirk van der Meer. Seit Beendigung der Restaurierung im Jahr 1992 befindet sich in der Sakristei der Kirche ein kleines Museum. Seit dem 1. September 2007 ist das sanierte Museum wieder für die Öffentlichkeit zugänglich. Es zeigt kulturelle Schätze sowie Artefakte aus der Historie der evangelischen Gemeinde Curaçaos.

Handelskade

Die Handelskade in Punda ist mit ihren in hellen Pastelltönen angestrichenen Kolonialhäusern eines der Wahrzeichen von Curaçao und ohne Zweifel das beliebteste Fotomotiv auf der Insel. Das Gesamtkunstwerk der farbenfrohen Häuserfront können Sie am besten von Otrabanda sowie von der Queen Emma Brücke aus bewundern. Das Gebäudeensemble erstrahlt kontrastreich über dem Wasser der Sint Annabaai. Die Hafenstraße mit den Kaufmannshäusern beginnt mit dem berühmten Penha Haus und verläuft entlang der Uferpromenade bis zum Floating Market. Zahlreiche gemütliche Cafés und Restaurants laden Sie zu kleinen Snacks und erfrischenden Getränken, mit einem wunderschönen Blick auf Otrabanda, ein. Lassen Sie die Seele baumeln und genießen Sie das Schauspiel der schwimmenden Queen Emma Brücke, wenn sie den Schiffen die Durchfahrt in den Hafen gewährt.

Penha Haus

Wenn Sie die berühmte Queen Emma Bridge von Otrabanda aus überqueren, erreichen Sie das historische Stadtviertel Punda mit seinen vielen charmanten Gassen und den für Curaçao charakteristischen bunten Kolonialbauten. Das älteste und wohl bekannteste Gebäude in Willemstad befindet sich direkt neben der Emma Brücke und eröffnet die berühmte Handelskade. Mit seiner faszinierenden Architektur ist das im 18. Jahrhundert errichtete Penha Haus eines der bildhaftesten Beispiele für die ehemaligen Herrenhäuser. Der Bau des berühmten Kaufmannshauses begann im Jahr 1707 und wurde bereits nach der Fertigstellung im Jahr 1733 verkauft und in zwei Abschnitte unterteilt. Den heutigen Namen verdankt das Anwesen der Penha Familie.

Sie kaufte das Anwesen im Jahr 1857 auf und nahm zahlreiche Veränderungen vor. Die in gelben Pastelltönen angestrichene Fassade wurde mit aufwendigen Stuckelementen, vorwiegend Blatt- und Blumenelementen, verziert.

Das wohl meist fotografierte Gebäude der Handelskade ist eines der imposantesten Beispiele für den barocken Stil des 18. Jahrhunderts auf Curaçao. Charakteristisch für diese Baukunst sind vor allem die geschwungenen, schneckenförmigen Kurven, die sogenannten Voluten, an den oberen Giebeln.

Die untere Etage nutzt die Familie mittlerweile in der vierten Generation für ihre Geschäftsräume. „Penha" steht noch heute für Kosmetik, Parfums und Markenmode bekannter Labels.

Märkte in Willemstad

Floating Market

In unmittelbarer Nähe zur Handelskade erstreckt sich auf etwa 200 Metern Länge ein Hochgenuss für die Sinne. Seit etlichen Jahrzehnten haben sich venezuelische Männer auf die Suche nach wirtschaftlichen Chancen außerhalb ihres Landes begeben. Mit ihren kleinen Holzbooten überqueren sie, mit dem Ziel des 80 Kilometer entfernten Hafens von Willemstad, die Karibische See. Es ist eine Tradition die über viele Generationen von den Vätern an ihre Söhne weitergegeben wurde.

Nach und nach hat sich eine eingeschworene Gemeinde entlang des Kais in der Innenstadt von Willemstad gebildet. Nur so können die vielen Händler ihre Kultur und Gemeinschaft aufrechterhalten und die Sehnsucht nach ihrer Heimat etwas unterdrücken. Dank dieser venezuelischen Kaufleute, welche bis zu acht Monate am Stück die Strapazen der gefährlichen nächtlichen Überquerung der karibischen See auf sich nehmen, konnte eine dauerhafte Marktkultur bewahrt und die recht trockene Insel mit frischem Obst und Gemüse versorgt werden.

Von weitem hören Sie bereits die Markthändler wie sie ihre Produkte lautstark den vorbeilaufenden Passanten anpreisen. Dabei lassen sich Einheimische und Touristen gleichermaßen von den exotischen Früchten und Obstsorten sowie von dem fangfrischen Fisch anlocken. Probieren Sie eine der wunderbar reifen Mangos, Bananen, Ananasse, Tomaten und Melonen zu einem fair ausgehandelten Preis.

New Market

In unmittelbarer Nähe zum Floating Market und der Post befindet sich der New Market. Einheimische Märkte vermitteln den Besuchern stets einen besonderen Eindruck der Lebensgewohnheiten aber auch der Kultur der jeweiligen Länder und Regionen. So stellt auch der New Market in Punda einen Spiegel der Gesellschaft dar. Die Hektik auf dem Markt beginnt bereits in den frühen Morgenstunden wenn die ersten Händler gegen sechs Uhr ihre Stände öffnen. Viele Arbeiter und Angestellte nehmen in der Markthalle kleine Snacks, Sandwiches und Kaffee zu sich, ehe sie in den Tag starten. Das unverwechselbare Gebäude ist ein Geschenk der Europäischen Gemeinschaft an Curaçao und wurde im Jahr 1975 eröffnet. Im Laufe der Zeit entwickelte sich der Markt stetig weiter und immer mehr Kaufleute öffneten ihre Stände. Beliebt war der „Krioyo" bei der einheimischen Bevölkerung vor allem wegen dem frischen Fleisch. Das Vieh wurde direkt hierher transportiert, vor Ort geschlachtet und sofort verkauft. Dennoch verlor das Rondell, infolge der zahlreichen neu er-

öffneten Geschäfte und Supermärkte in der Nachbarschaft, mit der Zeit seinen Anreiz. Im Jahr 1997 erfolgte schließlich der Beschluss keine Steuergelder mehr in den Erhalt zu investieren. Um das Marktgeschehen dennoch aufrechterhalten zu können wurde eine Stiftung, mit dem Plan einen privaten Betreiber zu finden, ins Leben gerufen. Dieses Vorhaben misslang und die Stiftung musste den Markt weiterhin selbst verwalten. Die Lücken, die die abgewanderten Fleischer und Obsthändler hinterlassen haben, wurden durch Kaufleute mit unterschiedlichsten Produktpaletten gefüllt. Heute können die Einheimischen und Touristen nicht nur Obst, Gemüse, Fleisch und Fisch erwerben, sondern auch Kosmetikartikel, Kleidung und Souvenirs.

Old Market

Wenige Gehminuten von dem Neuen Markt entfernt befindet sich der Marshé Bieu, besser bekannt als „Plaza Bieu". Als im Jahr 1975 der neue Markt seine Tore öffnete, verließen viele Händler die ehemalige „alte Markthalle", um in einer neuen und moderneren Umgebung ihre Waren verkaufen zu können. Einige Zeit später kam eine einfallsreiche Antillanerin auf die Idee, in der leer stehenden Halle frische, preisgünstige Gerichte für jedermann zu kochen. Bereits nach kurzer Zeit fanden sich die ersten Händler und Arbeiter zu ihren Mittagspausen im Plaza Bieu ein. Die im Jahr 2004 renovierte Markthalle ist mittlerweile zu einer touristischen Attraktion und für die Einheimischen Menschen zu einer festen Institution geworden.

Bereits in den frühen Morgenstunden erscheinen die ersten Köchinnen und Köche im Marshé Bieu, um mit den Vorbereitungen zu beginnen. Wenn um 12 Uhr die ersten Gäste eintreffen ist alles perfekt vorbereitet und die Wartezeiten somit sehr gering. Angeboten werden eine Vielzahl an Fleischgerichten, darunter geschmortes Hühnchen oder Ziegenfleisch mit landestypischen Soßen.

Die Hauptgerichte werden mit gebratenen Kochbananen, einer Besonderheit der Curaçaoischen Küche, angeboten. Für den kleinen Hunger gibt es weißen Reis mit Bohnen, verschiedene karibische Suppen aber auch Kuchen. Die Portionen sind ausreichend und den Preisen angemessen. Sie können bei den meisten Gerichten von einem Preis von etwa zehn Gulden, umgerechnet etwa vier Euro, ausgehen.

Wenn Sie sich nicht für ein Essen entscheiden können, dann werfen Sie doch einfach einen Blick in die riesigen Kochtöpfe der verschiedenen Köche und genießen Sie den unglaublichen Duft der Ihnen aromatisch entgegen strömt. Die Qualität der Speisen hat sich bereits auf der ganzen Insel herumgesprochen. Der Marshé Bieu ist aber nicht nur ein beliebter Ort zum Speisen, sondern vielmehr ein Treffpunkt der verschiedenen Kulturen.

Otrabanda

Als zu Beginn des 18. Jahrhunderts die ersten Baugenehmigungen für Otrabanda ausgestellt wurden, legte man den Grundstein für eines der schönsten Stadtviertel der Karibik. Im Gegensatz zu dem perfekt organisierten Straßensystem von Punda, sind in Otrabanda viele kleine, verwinkelte Gassen vorzufinden. Da es zu damaliger Zeit keinen einheitlichen Bebauungsplan für die Gestaltung des Stadtteils gab, entstand ein Viertel mit einem einzigartigen, individuellen Stil.

Unzählige kleine Geschäfte, Cafés, Restaurants und Bars laden Gäste aus aller Welt zum Verweilen ein.

Mit dem aufwendig restaurierten Kurá Hulanda Areal befindet sich in Otrabanda eines der beeindruckendsten Beispiele der niederländischen Kolonialarchitektur.

Das heute als Luxushotel genutzte Gebiet beherbergt mit dem Kurá Hulanda Museum eine der bedeutendsten kulturhistorischen Sammlungen der Karibik. In den letzten Jahren entwickelte sich Otrabanda immer mehr zu einem modernen Stadtteil mit zahlreichen Unterhaltungsmöglichkeiten. Vor allem auf dem Brionplein, direkt an der Queen Emma Bridge, finden sehr viele kulturelle Veranstaltungen statt.

Dem Waterfort von Punda gegenüberliegend schützte einst das im Jahr 1828 errichtete Rif Fort die Hafeneinfahrt der Sint Annabaai. Die monumentale Befestigungsanlage dient heute als Einkaufs- und Unterhaltungscenter mit einem traumhaften Blick auf Punda und die Karibische See.

In unmittelbarer Nähe des Rif Fort befinden sich das neu errichtete Renaissance Hotel sowie der Mega Pier. Fast täglich legen hier riesige Kreuzfahrt an.

Rif Fort

Wie eine große Festungsanlage überragt das Rif Fort die Hafeneinfahrt der Sint Annabaai.

Mit insgesamt 56 Kanonen, einem massiven Mauerwerk, mehreren Baracken und einem Lager für Schießpulver war das im Jahr 1828 errichtete Fort möglichen Angriffen gewappnet. Während des Zweiten Weltkrieges wurde die Befestigungsanlage mit 37mm Maschinengewehren nachgerüstet.

Direkte Kriegshandlungen gab es im Laufe der Jahrzehnte jedoch nicht. Mit Beginn des 20. Jahrhunderts begann die Regierung das Fort nach und nach für andere Zwecke zu nutzen. Seit der großen Restaurierung im Jahr 2001 befinden sich innerhalb der Festung zahlreiche Modeboutiquen, Bars, Restaurants und Geschäfte. Das einzige original erhaltene Gebäude innerhalb des Rif Fort ist ein ehemaliges Wachhaus aus dem Jahr 1840. Es beherbergt derzeit eine Radiostation.

Kurá Hulanda Museum

Das Areal des Kurá Hulanda deckt etwa acht Prozent der Fläche von Otrabanda ab. Seit dem 18. Jahrhundert hat sich dieses kleine Viertel stetig erweitert. Das heutige Kurá Hulanda beherbergt neben einem Luxushotel und dem Museum eine Vielzahl an kleinen Geschäften, Cafés und Restaurants. Jakob Gelt Dekker und seinem Konzept ist es letztendlich zu verdanken, dass das gesamte Areal mit dem Hotel und dem Museum liebevoll restauriert wurde. Ein Teil des im Jahr 1999 eröffneten Museums erzählt die Geschichte der afrikanischen Sklaven, ihrer Kunst und Kultur.

Die Geschichte beginnt mit der Gefangennahme der Afrikaner in ihrer Heimat und dem transatlantischen Transport nach Curaçao.
In unmittelbarer Nähe des Museums befindet sich der Hafen von Curaçao; hier wurden die Sklaven zusammen mit anderem Schiffsgut wie Ware an den Höchstbietenden verkauft.
Das Kurá Hulanda Museum beherbergt die größte Sammlung afrikanischer Kunstgegenstände in der Karibik. Es besteht aus insgesamt 15 Gebäuden und erstreckt sich über mehr als 16.000 Quadratmeter.

Kurá Agostini

Das Kurá Agostini befindet sich auf dem De Rouvilleweg, gegenüber der Fähranlegestelle von Otrabanda, direkt an der Sint Annabaai. Am 25. Januar 1737 erwarb Dorothea Brugman das Grundstück von dem ehemaligen Direktor der West Indian Company, Juan Pedro. In den darauffolgenden Jahren wurden mehrere, noch heute erhaltene, Wohnhäuser errichtet. Zu Beginn des 19. Jahrhunderts bestand das Grundstück aus zwei zweigeschossigen Wohngebäuden, zwei Wasserreservoirs, vier Lagerräumen und einigen kleineren Gebäuden. Im Jahr 1967 verkaufte der damalige Besitzer Jacques Ellis den historischen Komplex an die Stiftung für Denkmalschutz um sicherzugehen, dass das Anwesen für die Zukunft erhalten bleibt. Nach dessen Verkauf wurde in den 1970er Jahren mit der Restaurierung begonnen.
Obwohl Curaçao außerhalb des Hurrikangürtels liegt, wurde das Anwesen im Jahr 1988 durch den Hurrikan Joan und den daraus resultierenden heftigen Niederschlägen stark beschädigt.
Seit dem Jahr 1989 wird das in kontrastreichem Rotton angestrichene Haupthaus als gastronomische Einrichtung genutzt.

Straußenfarm

Die Straußenfarm befindet sich am Stadtrand von Willemstad. Mit insgesamt mehr als 600 Strauße zählt sie zu den größten ihrer Art fernab des afrikanischen Kontinents. Auf der lehrreichen Safari erhalten Sie sehr viele Informationen zu der Aufzucht, der Erhaltung und den Lebensbedingungen der Tiere. Während der Rundfahrt durch das Gelände werden Sie an verschiedenen Stationen eine kurze Pause einlegen, um die Tiere in Ruhe beobachten und hautnah erleben zu können. Gegen Ende der Safari haben Sie die Möglichkeit, eines der Tiere zu füttern und sich auf ein leeres Straußenei zu stellen. Sie werden überrascht sein, welch hohes Gewicht die Eier tragen können ohne zu zerbrechen.

Das Gehirn eines Straußes ist übrigens kleiner als sein Auge. Die fehlende Intelligenz der Vögel kann man an mehreren Beispielen festmachen. Beginnt ein Strauß vor einem Feind wegzulaufen, rennt er immer weiter bis er zu erschöpft ist, um weiter zu laufen. Er registriert nicht ob er noch verfolgt wird, er rennt und rennt. Wie Ihnen der Guide erzählen wird, vergessen die Tiere am Ende sogar, weswegen sie überhaupt weggerannt sind.

Auf der Fahrt durch die Farm können Sie noch viele weitere Tiere wie Schafe, Schweine, Krokodile und Schildkröten entdecken. Jedes dieser Tiere hat seine eigene Funktion innerhalb der Anlage. Die Schafe sorgen dafür, dass die Vegetation aufrechterhalten wird. Sie fressen alles was auf dem Boden wächst und ersparen den Betreibern den Einsatz giftiger Mittel gegen Unkraut. Für den Bioabfall sind die Schweine und Krokodile zuständig. Während die Schweine die Speisereste des Restaurants erhalten, beseitigen die Krokodile die nicht verwertbaren Teile der Strauße.

Ebenfalls einen Besuch wert ist das Restaurant *Zambezi*. Hier haben Sie die Möglichkeit, eine der vielen exotischen Strauß-Spezialitäten in einem einzigartig afrikanischen Ambiente zu probieren.

Bevor Sie die Straußenfarm wieder verlassen, lohnt sich ein Besuch des *Art of Africa*, dem Souvenirshop der Farm. Erworben werden können handgearbeitete Kunstgegenstände wie Steinskulpturen, Holzarbeiten und Dekorationselemente aus echtem Straußenei. Sämtliche Produkte werden aus Zimbabwe und Südafrika nach Curaçao importiert.

Schon Gewusst?
Straußeneier können bis zu 1.900 Gramm schwer werden und haben einen Durchmesser von etwa 15 Zentimeter. Der Inhalt von einem Straußenei entspricht bis zu 24 Hühnereiern. Das Besondere ist jedoch, dass ein Straußenei weniger Cholesterin enthält als ein handelsübliches Hühnerei.

Seaquarium

Wie ein riesiges Denkmal ragt das ehemalige Minensuchboot neben dem Eingangsbereich in den blauen Karibikhimmel. Auf der Rückseite des Schiffes nehmen die Besucher des im Jahre 1984 eröffneten Seaquarium auf einer kleinen Holztribüne Platz, um die amüsante aber auch interessante Seelöwen-Show zu verfolgen. Vor kleinem Publikum bringen Ihnen die Betreuer die Anatomie der Tiere näher, ehe eine kleine Showeinlage beginnt.

Anschließend geht es durch den Eingangsbereich in die Aquarium Hall. In dem großen überdachten Areal können Sie mehr als 400 Tiere der Unterwasserwelt Curaçaos in insgesamt 46 Becken und Aquarien beobachten. Dabei gibt es neben den farbenfrohen Fischen ebenso Korallen, Seegurken, Schwämme, Seesterne, Flamingos und andere bunte Meerestiere zu entdecken.

Diese wunderschöne Anlage zeichnet sich durch ihr einzigartiges Wasserversorgungssystem, bei dem stetig frisches Meerwasser aus der karibischen See in die Aquarien gepumpt wird, aus.

Höhepunkt und Zuschauermagnet sind natürlich die verschiedenen Veranstaltungen mit den Delfinen. Dabei nehmen der Schutz und die möglichst artgerechte Haltung der Tiere einen sehr hohen Stellenwert ein. Im Gegensatz zu vielen Delfinshows weltweit, in welchen die Tiere teilweise in kleinen Becken eingepfercht sind, werden Sie im Seaquarium schnell bemerken, dass die Haltung der Tiere sehr viel artgerechter ist. Aus diesem Grund werden nur wenige Veranstaltungen pro Tag durchgeführt. Im Vordergrund stehen weniger die Showelemente als vielmehr die Gelegenheit, die Zuschauer über die Tiere, deren Haltung und Lebensgewohnheiten aufzuklären. Die halboffenen Buchten geben den Delfinen die Möglichkeit, sich frei im offenen Meer bewegen zu können. Tatsächlich ist es so, dass die Delfine, auch aufgrund der Nahrungsversorgung, immer wieder zu Ihren persönlichen Trainern und Mentoren zurückkehren. Für mehr Informationen rund um den Tierschutz und dem Seaquarium lohnt sich ein Besuch in dem vor Ort befindlichen Museum. In einem eigenen Kinobereich erfahren Sie mehr über den Artenschutz und den Kampf gegen die Vernichtung der Korallenriffe.

Viele Menschen aus aller Welt kommen nur aus einem Grund auf die Insel; sie besuchen die einzigartige Dolphin Academy, um mit Delfinen zu schwimmen, sie zu berühren oder mit ihnen zu tauchen. Darunter sind vor allem viele Kinder und Menschen mit schweren Krankheiten oder belastenden Erfahrungen.

Durch die Nähe zu den Delfinen und den daraus resultierenden einzigartigen Erfahrungen und Glücksmomenten, werden in den meisten Fällen positive Therapieergebnisse erzielt.

Landhäuser

Die herrschaftlichen Landhäuser der mehr als 100 ehemaligen Plantagen dienten als Wohnsitz für den Plantagenbesitzer und dessen Familie. Umgeben waren die im 18. und 19. Jahrhundert errichteten Anwesen von den Unterkünften der Arbeiter und Sklaven sowie von Lagerhäusern und Scheunen. Die Nutzung der Höfe war sehr vielseitig und reichte von der klassischen Viehzucht, der Kultivierung von Getreide, Aloe Vera und Obst bis hin zur Salzgewinnung in den angrenzenden *Saliñas*. Von den ehemals 100 Landhäusern existiert heute noch etwa die Hälfte. Nach aufwendigen Restaurierungsarbeiten in den vergangenen Jahren ist der Großteil der Anwesen für Besucher geöffnet. Einige beherbergen Museen und Kunstgalerien, in anderen befinden sich Unterkünfte, Restaurants und Cafés. Zu den wohl berühmtesten Landsitzen gehören die Landhäuser Chobolobo, Ascension, Knip und Savonet.

Landhaus Ascension

Das im Jahr 1672 erbaute Landhaus Ascension befindet sich südlich des Ortes Barber und ist von Willemstad aus nach etwa 30 Minuten Fahrtzeit bequem zu erreichen. Durch seine erhöhte Lage haben Sie eine wunderschöne Rundumsicht auf die Küste und das Landesinnere.
Die optimale Nutzung des Nordost-Windes sorgt im Inneren des Anwesens für eine angenehme, natürliche Klimatisierung. Ursprünglich wurden vor allem Mais, Bohnen, Baumwolle und Indigo angebaut und kultiviert. Später, während des 19. Jahrhunderts, kam die Viehzucht hinzu. Zu Beginn des 20. Jahrhunderts lebte der Schriftsteller und Politiker *Cola Debrot* in dem Landhaus und schrieb in dieser Zeit seinen Roman „Meine Schwester die Negerin".

Wenn Sie die Kultur und die Menschen auf Curaçao hautnah erleben möchten, dann ist ein Besuch zum Tag der offenen Tür ein absolutes Muss.

Jeden ersten Sonntag im Monat präsentieren viele lokale Künstler ihre handgearbeiteten Werke und bieten diese zum Verkauf an. Bei einem Spaziergang durch das Anwesen können Sie karibische Klänge aber auch den wohlriechenden Duft frisch zubereiteter Speisen wahrnehmen. Während im Hinterhof gegrillt wird, rundet eine Liveband das tolle Ambiente ab.

Jeden Donnerstag und Samstag können Sie während eines Rundgangs das Landhaus sowie die nähere Umgebung erkunden.

An Samstagen werden zudem regelmäßig abendliche Spaziergänge entlang der Plantage angeboten. Bei beiden Touren erhalten Sie zahlreiche Informationen über die Geschichte, das Leben auf dem Landgut, die Sklaverei und der Tier- und Pflanzenwelt auf Curaçao.

Ein weiteres Highlight sind die ebenfalls samstags stattfindenden Wanderungen zur *Boka Ascension*.

Curaçao - Ein Likör erobert die Welt

Das Landhaus Chobolobo ist das Zuhause des berühmten Curaçao-Likörs. Nur hier wird das Original aus der getrockneten Schale der Lahara-Frucht hergestellt.

Nach der Entdeckung der Insel spielte die landwirtschaftliche Entwicklung eine wichtige Rolle. Eine der bedeutendsten Pflanzen wurde die so genannte „Valencia-Orange". Das einzigartige Klima und der besondere Boden verliehen der saftigen Frucht eine leicht bittere Note. Es dauerte einige Jahrzehnte bis man die duftenden ätherischen Öle entdeckte, welche man aus den getrockneten Schalen gewinnen konnte. Schließlich widmete sich die Familie Senior den Ölen und experimentierte mit unterschiedlichen exotischen Gewürzen, bis sie mit dem Ergebnis der entstandenen Spirituose zufrieden waren.

Den fertigen Likör nannten sie Curaçao Liqueur. Mit großem Enthusiasmus und hohen Investitionen wurde das Unternehmen „Senior & Co" im Jahr 1896 gegründet. Ein speziell hergestellter Kessel wird noch heute genutzt, um den Nektar aus der Lahara-Frucht zu gewinnen.

Im Laufe der Jahre wurden auch gefärbte Varianten des ursprünglich klaren Likörs hergestellt. Die wohl bekannteste Variation ist ohne Zweifel der „Blue Curaçao". Er ermöglichte erstmals, einem Cocktail eine Blaufärbung zu verleihen.

Die Destillerie befindet sich noch heute in dem im frühen 19. Jahrhundert erbauten Landhaus Chobolobo.

Ein Besuch lohnt sich in vielerlei Hinsicht. Neben der interessanten Architektur und der Geschichte des Landhauses, können Sie viel Wissenswertes über die Herstellung und Entwicklung des Likörs erfahren. Nutzen Sie anschließend die Gelegenheit an einer Verkostung teilzunehmen.

Landhaus Chobolobo

Das Landhaus Chobolobo trug einst den Namen Zoutpan. Ursprünglich nutzte man es als kleine Salzplantage. Seit dem Jahr 1946 befindet sich in dem historischen Herrenhaus die berühmte Likör-Brennerei „Senior & Co".

Nur hier wird der originale Curaçao Likör aus den Schalen der Lahara-Frucht, einer Orangenart, sowie exotischen Kräutern gebrannt.

Neben der Möglichkeit etwas über die Herstellung der Spirituose zu erfahren, können Sie hier den originalen Curaçao Likör probieren und käuflich erwerben.

Strände

Wenn Sie an die Karibik denken, werden Ihnen womöglich zuerst das tolle Klima, weiße lange Sandstrände und ein türkisblaues Meer mit einer farbefrohen Unterwasserwelt in den Sinn kommen. Auf der Insel gibt es weit mehr als 30 wunderschöne Strände. Die Auswahl kann kaum facettenreicher sein.

Entlang der Westküste finden Sonnenanbeter mit den weißen, mit Palmen besetzten Sandstränden ihr wahres Urlaubsparadies. Die meisten Strände sind nur einen Steinwurf von den nächstgelegenen Ortschaften und Naturparks entfernt. Zu den wohl schönsten Stränden gehören Cas Abou sowie der Playa Kenepa und der Playa Abou.

Cas Abou ist ein karibischer Traum; der feine weiße Sandstrand, das kristallklare Wasser und die idyllisch wirkenden Palmendächer laden zum Verweilen ein. Die vielen Palmen und Bäume bieten zudem einen natürlichen Sonnenschutz. In Strandnähe wurde, ähnlich wie am *Playa Porto Mari*, eine schwimmende Plattform verankert. Die Strandliegen können gegen eine kleine Gebühr gemietet werden. Cas Abou verfügt über eine kleine Snackbar und einen Tauchshop.

Für das Schnorcheln und Tauchen in dem strandnahen Riff können Sie sich hier das passende Equipment ausleihen

Vorbei an dem *Landhaus Knip* führt Sie die Straße zu zwei der schönsten und beliebtesten Strände der Insel Curaçao. Der Kleine Knip, auch **Playa Kenepa** genannt, befindet sich südlich vom Grote Knip. Nachdem Sie Ihr Auto auf dem kleinen Parkplatz abgestellt haben, sind es nur noch wenige Meter bis zu dem wunderschönen Sandstrand. Für Schatten sorgen die vielen Palmendächer, der hintere Teil der Bucht ist mit Bäumen bewachsen. Hier befindet sich ebenso eine kleine Snackbar.

In der Nähe des Landhaus Knip befindet sich der der Grote Knip, auch **Playa Abou** genannt. Er zählt zu den schönsten aber auch meistbesuchten der Insel.

Unmittelbar neben dem Parkplatz befindet sich eine Aussichtsplattform mit einem atemberaubenden Panoramablick über die gesamte Bucht. Der sehr feine Sand, die mit Palmendächern bedeckten Hütten und das türkisfarbene, kristallklare Wasser laden zum Verweilen ein. Eine kleine Snackbar versorgt Sie mit Snacks sowie mit erfrischenden Getränken. Die farbenprächtige Unterwasserwelt lässt sich am besten beim Schnorcheln entlang der Felswände der Bucht erkunden. Nach dem Sonnenbaden lohnt sich ein Besuch in dem Landhaus Knip. Das Anfang des 18. Jahrhunderts erbaute Anwesen beherbergt heute ein Museum und eine Ausstellung antiker Möbel.

Der Norden - Christoffelpark

Der Eingang zum Christoffelpark befindet sich auf dem Gelände der ehemaligen Plantage Savonet. Das heute als Museum genutzte Landhaus wurde in den letzten Jahren, zusammen mit den umliegenden historischen Gebäuden der großen Plantage, liebevoll restauriert.

Von Willemstad aus können Sie den Park ganz bequem nach etwa 40 Fahrminuten über die Straße in Richtung Westpunt erreichen. Alternativ zu der eigenen Anreise fährt ab 7:00 Uhr am Morgen ein Bus im Zweistunden-Takt von Otrabanda aus in Richtung Westpunt. Geben Sie dem Busfahrer einfach Bescheid, dass Sie am Parkeingang aussteigen möchten.

Der Grundstein für das heutige Naturschutzgebiet legte die Regierung im Jahr 1969 als sie die ehemaligen Plantagen Savonet, Zorgflied und Zevenbergen aufkaufte. Drei Jahre später trat die Regierung an die im Jahr 1955 gegründete CARMABI Stiftung heran, um das Areal des heutigen Christoffelparks zu schützen. Im Jahr 1976 begannen mehr als 170 Mitarbeiter damit, die Straßen des Parks auszubauen und die Ruinen der einstigen Landhäuser von der üppigen Vegetation zu befreien. Am 30. Juni 1978, bereits zwei Jahre nach dem Beginn der Baumaßnahmen, wurde das Reservat feierlich eröffnet.

Das mit 2.500 Hektar größte Naturreservat auf Curaçao ist vor allem für Natur- und Wanderliebhaber eines der Highlights der Insel. Rund um den Berg Christoffel erstreckt sich ein wahres Paradies mit einer einzigartigen Flora und Fauna. Vor allem die vielen Eidechsen und Leguane können überall im Christoffelpark gesichtet werden. Sie flitzen über die Straße und kämpfen sich elegant durch das Unterholz. An die Autos und Menschen haben sie sich längst gewöhnt. So kommt es nicht selten vor, dass sich die Echsen am Straßenrand, am Fuße der prächtigen Bäume und Kakteen, sonnen.

Neben den vielen Kakteenarten lockt der Christoffelpark seine Gäste mit Orchideen und Bromeliengewächsen. Dabei sind in dem Naturschutzgebiet zwei Orchideenarten besonders stark verbreitet. Die weiße Brassavola Nodosa blüht vorwiegend von Dezember bis Januar und die lila blühende Myrmecophila humboldtia von Juli bis August.

Es besteht die Möglichkeit, den Park auf einer der acht Wanderrouten oder gemütlich mit dem Auto auf einer der befestigten Straßen zu erkunden. Die größtenteils einspurigen Straßen sind in einem guten Zustand und nahezu menschenleer. Motorräder, Busse oder Quads sind nicht gestattet.

Wenn Sie mit dem Auto unterwegs sind, erreichen Sie immer wieder kleine Haltepunkte mit Aussichtspunkten sowie Wander- und Picknickmöglichkeiten. Die Wanderrouten des Christoffel Nationalparks bieten mit ihren unterschiedlichen Schwierigkeitsgraden für jeden das Passende an.

Die wohl beliebteste Wandertour ist der Weg hinauf auf den Gipfel des 375 Meter hohen Berg Christoffel. Mit ein wenig Ausdauer werden die kleinen Strapazen des etwa 60-minütigen Aufstiegs mit einem wunderschönen Ausblick über den gesamten nördlichen Teil der Insel belohnt. Denken Sie unbedingt daran, dass Sie ausreichend Wasser mitnehmen. Darüber hinaus wird empfohlen, den Aufstieg in den frühen Morgenstunden zu beginnen, um sich nicht der Mittagshitze aussetzen zu müssen.

Natürlich lässt sich das Wandern mit dem Autofahren sehr gut kombinieren. Auf der *Savonet Route* können Sie ihr Auto beispielsweise auf dem großen Parkplatz oberhalb der Boka Grandi abstellen und einen gemütlichen Spaziergang entlang der Bucht unternehmen. Da es für die meisten Besucher schwierig ist mit dem ungeübten Auge die faszinierende Tier- und Pflanzenwelt vollends zu erfassen, bietet der Park verschiedene geführte Touren an. Diese reichen von einer Jeep-Safari, dem gemeinsamen Aufstieg auf den Berg Christoffel bis hin zu einer Mountainbike-Tour durch den Park. Nach der Besichtigung des Naturreservates lohnt sich ein Besuch des neu eröffneten Museums im Landhaus Savonet.

Savonet Museum

Das Museum befindet sich in dem komplett restaurierten Landhaus Savonet, direkt im Eingangsbereich der Parkanlage.

Die ehemalige Plantage mit ihrer ereignisreichen Historie deckt einen großen Teil des heutigen Christoffelparks ab.

Das Landhaus Savonet ist, wie so viele weitere Gebäude auf Curaçao, ein architektonisches Kunstwerk.

Der einstöckige, rechteckige Gebäudekern des Anwesens ist flankiert mit langen Galerien. Die original aus den Niederlanden importierten Dachziegel auf den Satteldächern sind bereits mehr als 150 Jahre alt.

Nutzen Sie die Gelegenheit und besichtigen Sie die Ställe, die Molkerei, die Schmiede, den Hofbrunnen, den Wasserspeicher sowie die Aquädukte.

Im Inneren des Anwesens lädt Sie das am 14. September 2010 wiedereröffnete Museum zu einem kleinen Geschichtsexkurs ein. Gegen eine Gebühr von etwa 25 Naf können Sie sich zusätzlich Kopfhörer ausleihen und sich wahlweise in Englisch, Niederländisch oder in Papiamento durch die Ausstellung führen lassen.

Im Mittelpunkt stehen das Kapitel des Sklaventums sowie das Leben der Ureinwohner Curaçaos, den Arowak Indianern. Anhand von Fotografien und restaurierten Antiquitäten wird die Verbindung zwischen den Menschen, der Religion und der Natur eindrucksvoll dargestellt.

Der Norden - Shete Boka

Wenn Sie die Insel Curaçao in ihrer ganzen Vielfalt erleben möchten, ist ein Ausflug in den Norden ein absolutes Muss. Zu den vielen wunderschönen weißen Sandstränden entlang der Westküste, stellt die Ostküste ein faszinierendes Kontrastprogramm dar. Mit großem Getöse bewegen sich die Wellen der zerklüfteten Küste entgegen. Neben dem Christoffelpark mit seiner überwältigenden Flora und Fauna, wirkt der Shete Boka Nationalpark an der Nordostküste wie eine trostlose Mondlandschaft. Diese eindrucksvolle Kulisse, in Verbindung mit der Naturgewalt des Meeres, macht die Faszination dieses Nationalparks aus.

Von dem großen Parkplatz aus erreichen Sie nach wenigen Gehminuten den ersten Höhepunkt des Shete Boka Nationalparks; die unterirdische Höhle von *Boka Tabla*. Ein paar in den Stein gearbeitete Stufen führen Sie hinunter in die kleine Grotte. Nach der Besichtigung der Höhle führt Sie der Weg weiter zu einer kleinen Aussichtsplattform oberhalb von Boka Tabla. Von hier aus haben Sie einen wunderschönen Blick auf die Bucht und die eindrucksvolle Küstenlandschaft.

Mit einer enormen Kraft und Energie arbeitet sich die stürmische See den Kalksteinterrassen entgegen, um sich anschließend zu meterhohen Fontänen und Wasserwänden aufzubäumen. Trotz der kargen Landschaft und der unruhigen See befindet sich an diesem Ort der Lebensraum für viele verschiedene Tierarten. Die scharfkantigen Klippen und Felsen bieten ideale Versteckmöglichkeiten für die vielen Eidechsen, Leguane und anderen Reptilien. In den Buchten des 1994 eröffneten Parks liegen einige geschützte Brutplätze für Schildkröten.

Der Shete Boka Nationalpark bietet Ihnen auf zwei verschiedenen Wanderrouten die Möglichkeit, die faszinierende Landschaft entlang der Küste entdecken und erleben zu können.

Boka Wandomi Trail

Der Boka Wandomi Trail führt Sie zu der gleichnamigen Bucht im Norden des Shete Boka Nationalparks. Bei der einstündigen Wanderung durch die zerklüftete Landschaft haben Sie die ganze Zeit über einen atemberaubenden Blick auf die faszinierende Küste. Oberhalb der Boka Wandomi befindet sich eine gut platzierte Aussichtsplattform mit einem herrlichen Panoramablick über die gesamte Bucht. Genießen Sie den Ausblick bevor Sie sich über eine steinerne Treppe in die kleine Schlucht der Bucht begeben. Viele Besucher nutzen hier die herumliegenden Steine, um Grüße jeglicher Art im Boden oder auf den Felsvorsprüngen zu hinterlassen. Nach dieser kleinen künstlerischen Einlage geht es eine weitere Treppe hinauf auf das gegenüberliegende Plateau. Nach wenigen Gehminuten erreichen Sie die Aussichtsplattform der

Natural Bridge, einer faszinierenden Kalksteinformation in der Form einer Brücke.

Boka Pistol Trail

Von *Boka Tabla* aus führt Sie der Wanderweg weiter in Richtung Süden bis Sie die *Boka Kalki* erreichen. Alternativ zu dem gemütlichen Spaziergang besteht die Möglichkeit, das Auto auf dem kleinen Parkplatz oberhalb der Bucht abzustellen und den Weg zu Fuß fortzusetzen. Nachdem Sie die Boka Kalki hinter sich gelassen haben, erreichen Sie nach etwa 20 bis 30 Minuten *Boka Pistol*, das Highlight des Shete Boka Nationalparks. Von der befestigten Aussichtsplattform aus werden Sie bei diesem atemberaubenden Ausblick schnell verstehen können, dass der Name „Pistol" nicht zufällig gewählt wurde.

Aufgrund der starken Verengung der Kalksteinformation im hinteren Teil der kleinen Bucht wird die Energie der ankommenden Wellen so stark auf einen kleinen Bereich gebündelt, dass sich die Wassermassen meterhoch in den Himmel erstrecken.

Die atemberaubende Kraft des Meeres und der wunderschöne Anblick dieses Naturschauspiels sind einmalig auf der Insel.

Watamula

Neben dem Shete Boka Nationalpark mit seinen faszinierenden Buchten und Gesteinsformationen, stellt *Watamula* einen weiteren eindrucksvollen Ort entlang der schroffen Nordküste dar. Auf dem Weg zum Meer werden Sie zunächst einen mit der Landesflagge bemalten Felsen entdecken können. Genießen Sie den erfrischenden Wind und die Stille, welche lediglich durch die aufbrausenden Wogen des Meeres unterbrochen wird. Die malerische Kulisse der weitläufigen Landschaft ist ebenso faszinierend wie die enorme Kraft der Wassermassen, die sich mit unbarmherziger Gewalt auf die Kalksteinformationen zubewegen. Vor Ihnen erstreckt sich ein malerisches Motiv, geschaffen für jeden Hobbyfotografen und Künstler; ein Landstrich voller Idylle und Gelassenheit. Einheimische Angler sitzen auf den Steinterrassen und versuchen ihr Glück in einem guten Fang zu finden. Vor Ihnen liegt nun eines der schönsten Naturphänomene der Insel. Der Name „Watamula" stammt von dem niederländischen Wort „Water Mollen" und bedeutet so viel wie Wassermühle. Bei der Wassermühle handelt es sich um ein etwa fünf bis sechs Meter tiefes Loch mit einem Durchmesser von etwa zehn Metern.

Die wild umherbrausenden Wassermassen erinnern an einen Blick in das Innere einer Waschmaschine.

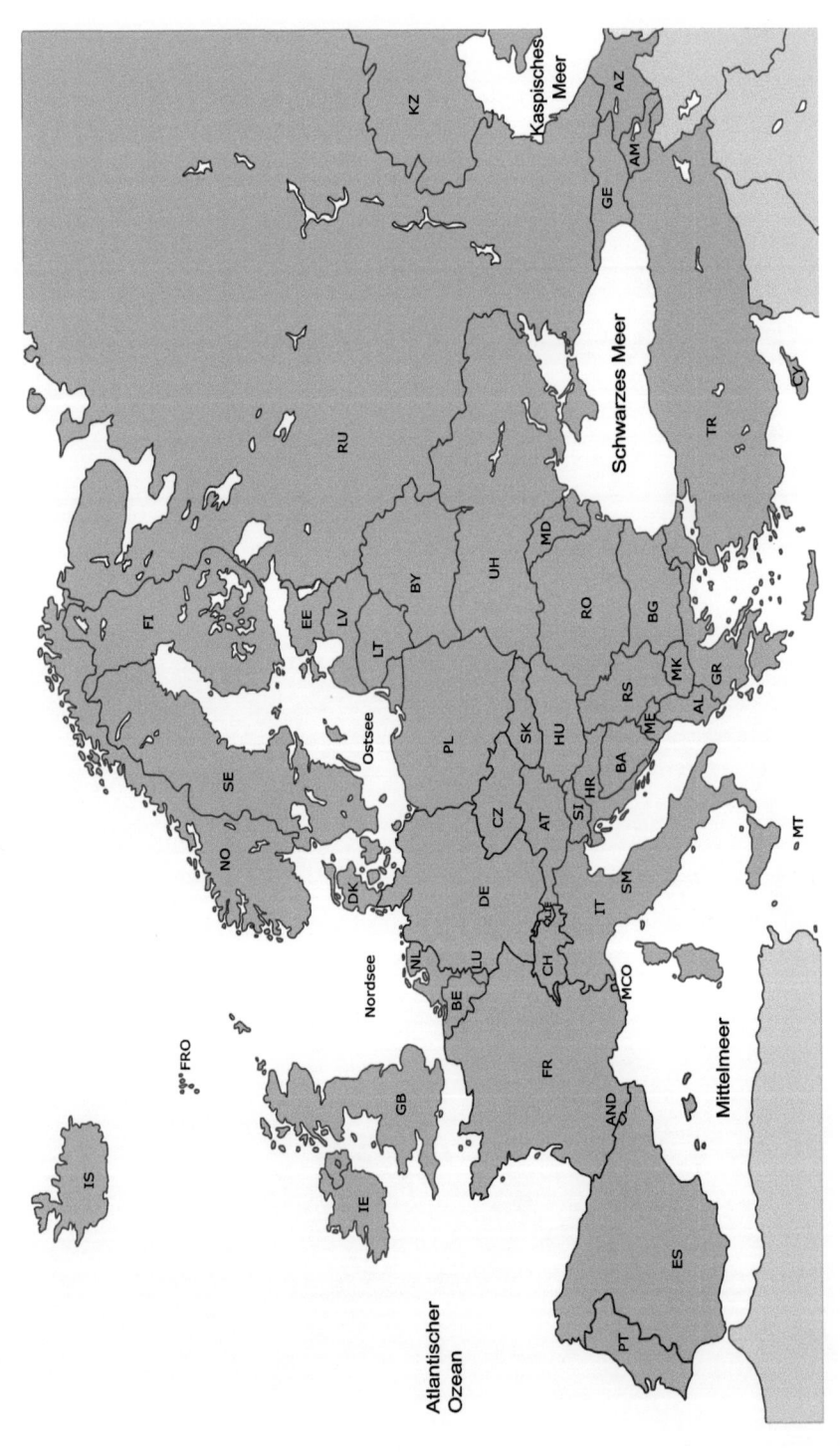

Länderinformationen

Code	Land	Hauptstadt	Vorwahl	Währung
AL	Albanien	Tirana	00355	Albanische Lek
AM	Armenien	Jewewan	00374	Dram
AD	Andorra	Andorra la Vella	00376	Euro
AT	Österreich	Wien	0043	Euro
AZ	Aserbaidschan	Baku	00994	Aserbaidsch. Manat
BA	Bosnien-Herzegowina	Sarajevo	00387	Kovertible Mark
BE	Belgien	Brüssel	0032	Euro
BG	Bulgarien	Sofia	00359	Leva
BY	Weißrussland	Minsk	00375	Belarus Rubel
CH	Schweiz	Bern	0041	Schweizer Franken
CY	Zypern	Nikosia	00357	Euro
CZ	Tschechien	Prag	00420	Tschechische Kronen
DE	Deutschland	Berlin	0049	Euro
EE	Estland	Tallinn	00372	Euro
ES	Spanien	Madrid	0034	Euro
FI	Finnland	Helsinki	00358	Euro
FR	Frankreich	Paris	0033	Euro
FRO	Faröer Inseln	Torshavn	00298	Faröische Krone
GB	Großbritannien	London	0044	Pfund
GE	Georgien	Tiflis	00955	Lari
GR	Griechenland	Athen	0030	Euro
HR	Kroatien	Zagreb	00385	Kuno
HU	Ungarn	Budapest	0036	Forint
DK	Dänemark	Kopenhagen	0045	Dänische Kronen
IE	Irland	Dublin	00353	Euro
IT	Italien	Rom	0039	Euro
KZ	Kasachstan	Asana	007	Tenge
LIE	Lichtenstein	Vaduz	00423	Schweizer Franken
LT	Litauen	Vilnius	00370	Litas
LU	Luxemburg	Luxemburg	00352	Euro
LV	Lettland	Riga	00371	Euro
MCO	Monaco	Monaco	003393	Euro
MD	Moldawien	Chisinau	00373	Moldauischer Leu
ME	Montenegro	Podgorica	00382	Euro
MK	Mazedonien	Skopje	00389	Denar
MT	Malta	Valletta	00356	Euro
NL	Niederlande	Amsterdam	0031	Euro
NO	Norwegen	Oslo	0047	Norwegische Krone
PL	Polen	Warschau	0048	Zloty
PT	Portugal	Lissabon	00351	Euro
RS	Serbien	Belgrad	00381	Serbischer Dinar
RO	Rumänien	Bukarest	0040	Lei
RU	Russland	Moskau	007	Rubel
SE	Schweden	Stockholm	0046	Schwedische Kronen
SI	Slowenien	Ljubljana	00386	Euro
SK	Slowakei	Bratislava	00421	Euro
SM	San Marino	San Marino	00390549	Euro
TR	Türkei	Ankara	0090	Türkische Lira

Feiertage 2017

Neujahr	01.01.	alle Bundesländer
Heilige Drei Könige	06.01.	Baden-Württemberg, Bayern, Sachsen-Anhalt
Karfreitag	14.04.	alle Bundesländer
Ostersonntag	16.04.	Brandenburg
Ostermontag	17.04.	alle Bundesländer
Tag der Arbeit	01.05.	alle Bundesländer
Christi Himmelfahrt	25.05.	alle Bundesländer
Pfingstsonntag	04.06.	Brandenburg
Pfingstmontag	05.06.	alle Bundesländer
Fronleichnam	15.06.	Baden-Württemberg, Bayern, Hessen, Nordrhein-Westfalen, Rheinland-Pfalz, Saarland
Mariä Himmelfahrt	15.08.	Bayern, Saarland
Tag der Deutschen Einheit	03.10.	alle Bundesländer
Reformationstag	31.10.	Brandenburg, Mecklenburg-Vorpommern, Sachsen, Sachsen-Anhalt, Thüringen
Allerheiligen	01.11.	Baden-Württemberg, Bayern, Nordrhein-Westfalen, Rheinland-Pfalz, Saarland
Buß- und Bettag	22.11.	Sachsen
1. Weihnachtsfeiertag	25.11.	alle Bundesländer
2. Weihnachtsfeiertag	26.11.	alle Bundesländer

Schulferien 2017

	Winter	Ostern	Pfingsten	Sommer	Herbst	Weihnachten
Baden-Württemberg		10.04.-21.04.	06.06.-16.06.	27.07.-09.09.	30.10.-03.11.	22.12.-05.01.
Bayern	27.02.-03.03.	10.04.-22.04.	06.06.-16.06.	29.07.-11.09.	30.10.-03.10. / 22.11	23.12.-05.01.
Berlin	30.01.-04.02.	10.04.-18.04.	24.05./ 26.05./ 06.06.-09.06	20.07.-01.09.	02.10./ 23.10.-04.11.	21.12.-02.01.
Brandenburg	30.01.-04.02.	10.04.-22.04.	26.05.	20.07.-01.09.	02.10./ 23.10.-04.11.	21.12.-02.01.
Bremen	30.01.-31.01.	10.04.-22.04.	26.05./ 06.06.	22.06.-02.08.	02.10.-14.10./ 30.10.	22.12.-06.01.
Hamburg	30.01.	06.03.-17.03.	22.05.-26.05.	20.07.-30.08.	02.10./ 16.10.-27.10.	22.12.-05.01.
Hessen		03.04.-15.04.		03.07.-11.08.	09.10.-21.10.	24.12.-13.01.
Mecklenburg-Vorpommern	06.02.-18.02.	10.04.-19.04.	02.06.-06.06.	24.07.-02.09.	02.10./ 23.10.-30.10.	21.12.-03.01.
Niedersachsen	30.01.-31.01.	10.04.-22.04.	26.05./ 06.06.	22.06.-02.08.	02.10.-13.10./ 30.10.	22.12.-05.01.
Nordrhein-Westfalen		10.04.-22.04.	06.06.	17.07.-29.08.	23.10.-04.11.	27.12.-06.01.
Rheinland-Pfalz		10.04.-21.04.		03.07.-11.08.	02.10.-13.10.	22.12.-09.01.
Saarland	27.02.-04.03.	10.04.-22.04.		03.07.-14.08.	02.10.-14.10.	21.12.-05.01.
Sachsen	13.02.-24.02.	13.04.-22.04.	26.05.	26.06.-04.08.	02.10.-14.10./ 30.10.	23.12.-02.01.
Sachsen-Anhalt	04.02.-11.02.	10.04.-13.04.	26.05.	26.06.-09.08.	02.10.-13.10./ 30.10.	21.12.-03.01.
Schleswig-Holstein		07.04.-21.04.	26.05.	24.07.-02.09.	16.10.-27.10.	21.12.-06.01.
Thüringen	06.02.-11.02.	10.04.-21.04.	26.05.	26.06.-09.08.	02.10.-14.10.	22.12.-05.01.

Jahresübersicht 2017

Januar 2017

	Mo	Di	Mi	Do	Fr	Sa	**So**
KW52	26	27	28	29	30	**31**	**01**
KW01	02	03	04	05	**06**	07	**08**
KW02	09	10	11	12	13	14	**15**
KW03	16	17	18	19	20	21	**22**
KW04	23	24	25	26	27	28	**29**
KW05	30	31	01	02	03	04	**05**

Februar 2017

	Mo	Di	Mi	Do	Fr	Sa	**So**
KW05	30	31	01	02	03	04	**05**
KW06	06	07	08	09	10	11	**12**
KW07	13	14	15	16	17	18	**19**
KW08	20	21	22	23	24	25	**26**
KW09	27	28	01	02	03	04	**05**

März 2017

	Mo	Di	Mi	Do	Fr	Sa	**So**
KW09	27	28	01	02	03	04	**05**
KW10	06	07	08	09	10	11	**12**
KW11	13	14	15	16	17	18	**19**
KW12	20	21	22	23	24	25	**26**
KW13	27	28	29	30	31	01	**02**

April 2017

	Mo	Di	Mi	Do	Fr	Sa	**So**
KW13	27	28	29	30	31	01	**02**
KW14	03	04	05	06	07	08	**09**
KW15	10	11	12	13	**14**	15	**16**
KW16	**17**	18	19	20	21	22	**23**
KW17	24	25	26	27	28	29	**30**

Mai 2017

	Mo	Di	Mi	Do	Fr	Sa	**So**
KW18	**01**	02	03	04	05	06	**07**
KW19	08	09	10	11	12	13	**14**
KW20	15	16	17	18	19	20	**21**
KW21	22	23	24	**25**	26	27	**28**
KW22	29	30	31	01	02	03	**04**

Juni 2017

	Mo	Di	Mi	Do	Fr	Sa	**So**
KW22	29	30	31	01	02	03	**04**
KW23	**05**	06	07	08	09	10	**11**
KW24	12	13	14	**15**	16	17	**18**
KW25	19	20	21	22	23	24	**25**
KW26	26	27	28	29	30	01	**02**

Jahresübersicht 2017

Juli 2017

	Mo	Di	Mi	Do	Fr	Sa	**So**
KW26	26	27	28	29	30	01	**02**
KW27	03	04	05	06	07	08	**09**
KW28	10	11	12	13	14	15	**16**
KW29	17	18	19	20	21	22	**23**
KW30	24	25	26	27	28	29	**30**
KW31	31	01	02	03	04	05	**06**

August 2017

	Mo	Di	Mi	Do	Fr	Sa	**So**
KW31	31	01	02	03	04	05	**06**
KW32	07	08	09	10	11	12	**13**
KW33	14	**15**	16	17	18	19	**20**
KW34	21	22	23	24	25	26	**27**
KW35	28	29	30	31	01	02	**03**

September 2017

	Mo	Di	Mi	Do	Fr	Sa	**So**
KW35	28	29	30	31	01	02	**03**
KW36	04	05	06	07	08	09	**10**
KW37	11	12	13	14	15	16	**17**
KW38	18	19	20	21	22	23	**24**
KW39	25	26	27	28	29	30	**01**

Oktober 2017

	Mo	Di	Mi	Do	Fr	Sa	**So**
KW39	25	26	27	28	29	30	**01**
KW40	02	**03**	04	05	06	07	**08**
KW41	09	10	11	12	13	14	**15**
KW42	16	17	18	19	20	21	**22**
KW43	23	24	25	26	27	28	**29**
KW44	30	**31**	01	02	03	04	**05**

November 2017

	Mo	Di	Mi	Do	Fr	Sa	**So**
KW44	30	**31**	**01**	02	03	04	**05**
KW45	06	07	08	09	10	11	**12**
KW46	13	14	15	16	17	18	**19**
KW47	20	21	**22**	23	24	25	**26**
KW48	27	28	29	30	01	02	**03**

Dezember 2017

	Mo	Di	Mi	Do	Fr	Sa	**So**
KW48	27	28	29	30	01	02	**03**
KW49	04	05	06	07	08	09	**10**
KW50	11	12	13	14	15	16	**17**
KW51	18	19	20	21	22	23	**24**
KW52	**25**	**26**	27	28	29	30	**31**

Jahresübersicht 2018

Januar 2018

	Mo	Di	Mi	Do	Fr	Sa	**So**
KW01	**01**	02	03	04	05	**06**	**07**
KW02	08	09	10	11	12	13	**14**
KW03	15	16	17	18	19	20	**21**
KW04	22	23	24	25	26	27	**28**
KW05	29	30	31	01	02	03	**04**

Februar 2018

	Mo	Di	Mi	Do	Fr	Sa	**So**
KW05	29	30	31	01	02	03	**04**
KW06	05	06	07	08	09	10	**11**
KW07	12	13	14	15	16	17	**18**
KW08	19	20	21	22	23	24	**25**
KW09	26	27	28	01	02	03	**04**

März 2018

	Mo	Di	Mi	Do	Fr	Sa	**So**
KW09	26	27	28	01	02	03	**04**
KW10	05	06	07	08	09	10	**11**
KW11	12	13	14	15	16	17	**18**
KW12	19	20	21	22	23	24	**25**
KW13	26	27	28	29	**30**	31	01

April 2018

	Mo	Di	Mi	Do	Fr	Sa	**So**
KW13	26	27	28	29	30	31	**01**
KW14	**02**	03	04	05	06	07	**08**
KW15	09	10	11	12	**13**	14	**15**
KW16	**16**	17	18	19	20	21	**22**
KW17	23	24	25	26	27	28	**29**
KW18	30	**01**	02	03	04	05	**06**

Mai 2018

	Mo	Di	Mi	Do	Fr	Sa	**So**
KW18	30	**01**	02	03	04	05	**06**
KW19	07	08	09	**10**	11	12	**13**
KW20	14	15	16	17	18	19	**20**
KW21	**21**	22	23	24	25	26	**27**
KW22	28	29	30	**31**	01	02	**03**

Juni 2018

	Mo	Di	Mi	Do	Fr	Sa	**So**
KW22	28	29	30	31	01	02	**03**
KW23	04	05	06	07	08	09	**10**
KW24	11	12	13	14	15	16	**17**
KW25	18	19	20	21	22	23	**24**
KW26	25	26	27	28	29	30	**01**

Jahresübersicht 2018

Juli 2018

	Mo	Di	Mi	Do	Fr	Sa	**So**
KW26	25	26	27	28	29	30	**01**
KW27	02	03	04	05	06	07	**08**
KW28	09	10	11	12	13	14	**15**
KW29	16	17	18	19	20	21	**22**
KW30	23	24	25	26	27	28	**29**
KW31	30	31	01	02	03	04	**05**

August 2018

	Mo	Di	Mi	Do	Fr	Sa	**So**
KW31	30	31	01	02	03	04	**05**
KW32	06	07	08	09	10	11	**12**
KW33	13	14	**15**	16	17	18	**19**
KW34	20	21	22	23	24	25	**26**
KW35	27	28	29	30	31	01	02

September 2018

	Mo	Di	Mi	Do	Fr	Sa	**So**
KW35	27	28	29	30	31	01	**02**
KW36	03	04	05	06	07	08	**09**
KW37	10	11	12	13	14	15	**16**
KW38	17	18	19	20	21	22	**23**
KW39	24	25	26	27	28	29	**30**

Oktober 2018

	Mo	Di	Mi	Do	Fr	Sa	**So**
KW40	01	02	**03**	04	05	06	**07**
KW41	08	09	10	11	12	13	**14**
KW42	15	16	17	18	19	20	**21**
KW43	22	23	24	25	26	27	**28**
KW44	29	30	**31**	01	02	03	04

November 2018

	Mo	Di	Mi	Do	Fr	Sa	**So**
KW44	29	30	**31**	**01**	02	03	**04**
KW45	05	06	07	08	09	10	**11**
KW46	12	13	14	15	16	17	**18**
KW47	19	20	**21**	22	23	24	**25**
KW48	26	27	28	29	30	01	**02**

Dezember 2018

	Mo	Di	Mi	Do	Fr	Sa	**So**
KW48	26	27	28	29	30	01	**02**
KW49	03	04	05	06	07	08	**09**
KW50	10	11	12	13	14	15	**16**
KW51	17	18	19	20	21	22	**23**
KW52	24	**25**	**26**	27	28	29	**30**
KW01	31	01	02	03	04	05	06

Urlaubsplaner 2017

Januar

| 1 | 2 | 3 | 4 | 5 | 6 | 7 | 8 | 9 | 10 | 11 | 12 | 13 | 14 | 15 | 16 | 17 | 18 | 19 | 20 | 21 | 22 | 23 | 24 | 25 | 26 | 27 | 28 | 29 | 30 | 31 |

Februar

| 1 | 2 | 3 | 4 | 5 | 6 | 7 | 8 | 9 | 10 | 11 | 12 | 13 | 14 | 15 | 16 | 17 | 18 | 19 | 20 | 21 | 22 | 23 | 24 | 25 | 26 | 27 | 28 | 29 |

März

| 1 | 2 | 3 | 4 | 5 | 6 | 7 | 8 | 9 | 10 | 11 | 12 | 13 | 14 | 15 | 16 | 17 | 18 | 19 | 20 | 21 | 22 | 23 | 24 | 25 | 26 | 27 | 28 | 29 | 30 | 31 |

April

| 1 | 2 | 3 | 4 | 5 | 6 | 7 | 8 | 9 | 10 | 11 | 12 | 13 | 14 | 15 | 16 | 17 | 18 | 19 | 20 | 21 | 22 | 23 | 24 | 25 | 26 | 27 | 28 | 29 | 30 |

Mai

| 1 | 2 | 3 | 4 | 5 | 6 | 7 | 8 | 9 | 10 | 11 | 12 | 13 | 14 | 15 | 16 | 17 | 18 | 19 | 20 | 21 | 22 | 23 | 24 | 25 | 26 | 27 | 28 | 29 | 30 | 31 |

Juni

| 1 | 2 | 3 | 4 | 5 | 6 | 7 | 8 | 9 | 10 | 11 | 12 | 13 | 14 | 15 | 16 | 17 | 18 | 19 | 20 | 21 | 22 | 23 | 24 | 25 | 26 | 27 | 28 | 29 | 30 |

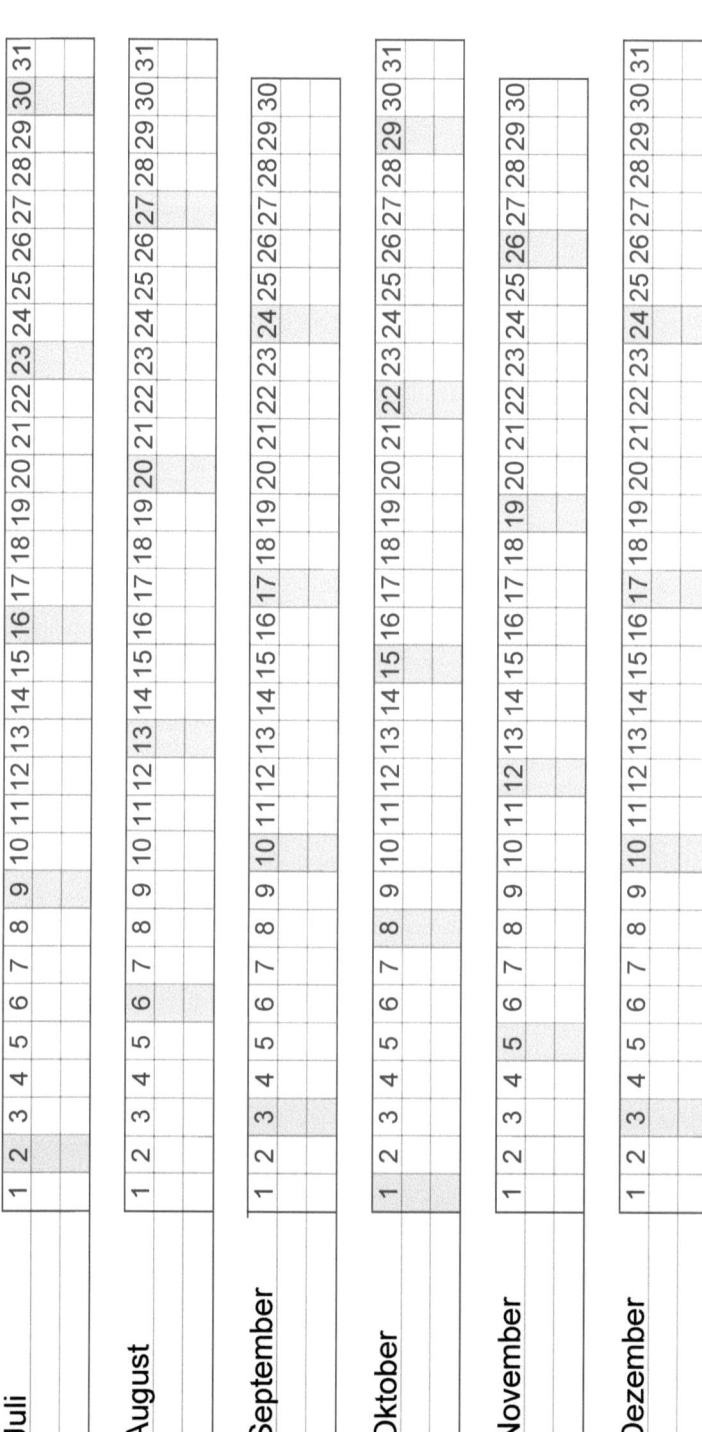

Geburtstage — Januar - Juni

Januar

Februar

März

April

Mai

Juni

Geburtstage   Juli - Dezember

Juli

August

September

Oktober

November

Dezember

Dezember - Januar
Woche 52 / 2016

Mo 26.12.

Di 27.12.

Mi 28.12.

Do 29.12.

Fr 30.12.

Sa Silvester
31.12.

So Neujahr
01.01.

Januar
Woche 1 / 2017

Mo
02.01.

Di
03.01.

Mi
04.01.

Do
05.01.

Fr Heilige Drei Könige
06.01.

Sa
07.01.

So
08.01.

Januar

Woche 2 / 2017

Mo
09.01.

Di
10.01.

Mi
11.01.

Do
12.01.

Fr
13.01.

Sa
14.01.

So
15.01.

Januar

Woche 3 / 2017

Mo
16.01.

Di
17.01.

Mi
18.01.

Do
19.01.

Fr
20.01.

Sa
21.01.

So
22.01.

Januar
Woche 4 / 2017

Mo
23.01.

Di
24.01.

Mi
25.01.

Do
26.01.

Fr
27.01.

Sa
28.01.

So
29.01.

Januar - Februar

Woche 5 / 2017

Mo
30.01.

Di
31.01.

Mi
01.02.

Do
02.02.

Fr
03.02.

Sa
04.02.

So
05.02.

Februar

Woche 6 / 2017

Mo
06.02.

Di
07.02.

Mi
08.02.

Do
09.02.

Fr
10.02.

Sa
11.02.

So
12.02.

Februar
Woche 7 / 2017

Mo 13.02.

Di 14.02.

Mi 15.02.

Do 16.02.

Fr 17.02.

Sa 18.02.

So 19.02.

Februar

Woche 8 / 2017

Mo
20.02.

Di
21.02.

Mi
22.02.

Do
23.02.

Fr
24.02.

Sa
25.02.

So
26.02.

Februar - März
Woche 9 / 2017

Mo
27.02.

Di
28.02.

Mi
01.03.

Do
02.03.

Fr
03.03.

Sa
04.03.

So
05.03.

März
Woche 10 / 2017

Mo
06.03.

Di
07.03.

Mi
08.03.

Do
09.03.

Fr
10.03.

Sa
11.03.

So
12.03.

März
Woche 11 / 2017

Mo
13.03.

Di
14.03.

Mi
15.03.

Do
16.03.

Fr
17.03.

Sa
18.03.

So
19.03.

März
Woche 12 / 2017

Mo
20.03.

Di
21.03.

Mi
22.03.

Do
23.03.

Fr
24.03.

Sa
25.03.

So
26.03.

März - April
Woche 13 / 2017

Mo
27.03.

Di
28.03.

Mi
29.03.

Do
30.03.

Fr
31.03.

Sa
01.04.

So
02.04.

April

Woche 14 / 2017

Mo
03.04.

Di
04.04.

Mi
05.04.

Do
06.04.

Fr
07.04.

Sa
08.04.

So
09.04.

April
Woche 15 / 2017

Mo
10.04.

Di
11.04.

Mi
12.04.

Do
13.04.

Fr Karfreitag
14.04.

Sa
15.04.

So Ostersonntag
16.04.

April

Woche 16 / 2017

Mo Ostermontag
17.04.

Di
18.04.

Mi
19.04.

Do
20.04.

Fr
21.04.

Sa
22.04.

So
23.04.

April
Woche 17 / 2017

Mo
24.04.

Di
25.04.

Mi
26.04.

Do
27.04.

Fr
28.04.

Sa
29.04.

So
30.04.

Mai

Woche 18 / 2017

Mo Tag der Arbeit
01.05.

Di
02.05.

Mi
03.05.

Do
04.05.

Fr
05.05.

Sa
06.05.

So
07.05.

Mai
Woche 19 / 2017

Mo
08.05.

Di
09.05.

Mi
10.05.

Do
11.05.

Fr
12.05.

Sa
13.05.

So
14.05.

Mai

Woche 20 / 2017

Mo
15.05.

Di
16.05.

Mi
17.05.

Do
18.05.

Fr
19.05.

Sa
20.05.

So
21.05.

Mai
Woche 21 / 2017

Mo
22.05.

Di
23.05.

Mi
24.05.

Do
25.05. Christi Himmelfahrt

Fr
26.05.

Sa
27.05.

So
28.05.

Mai - Juni

Woche 22 / 2017

Mo
29.05.

Di
30.05.

Mi
31.05.

Do
01.06.

Fr
02.06.

Sa
03.06.

So Pfingstsonntag
04.06.

Juni

Woche 23 / 2017

Mo Pfingstmontag
05.06.

Di
06.06.

Mi
07.06.

Do
08.06.

Fr
09.06.

Sa
10.06.

So
11.06.

Juni

Woche 24 / 2017

Mo
12.06.

Di
13.06.

Mi
14.06.

Do
15.06.   Fronleichnam

Fr
16.06.

Sa
17.06.

So
18.06.

Juni

Woche 25 / 2017

Mo
19.06.

Di
20.06.

Mi
21.06.

Do
22.06.

Fr
23.06.

Sa
24.06.

So
25.06.

Juni - Juli

Woche 26 / 2017

Mo
26.06.

Di
27.06.

Mi
28.06.

Do
29.06.

Fr
30.06.

Sa
01.07.

So
02.07.

Juli
Woche 27 / 2017

Mo
03.07.

Di
04.07.

Mi
05.07.

Do
06.07.

Fr
07.07.

Sa
08.07.

So
09.07.

Juli

Woche 28 / 2017

Mo
10.07.

Di
11.07.

Mi
12.07.

Do
13.07.

Fr
14.07.

Sa
15.07.

So
16.07.

Juli
Woche 29 / 2017

Mo
17.07.

Di
18.07.

Mi
19.07.

Do
20.07.

Fr
21.07.

Sa
22.07.

So
23.07.

Juli

Woche 30 / 2017

Mo
24.07.

Di
25.07.

Mi
26.07.

Do
27.07.

Fr
28.07.

Sa
29.07.

So
30.07.

Juli - August

Woche 31 / 2017

Mo
31.07.

Di
01.08.

Mi
02.08.

Do
03.08.

Fr
04.08.

Sa
05.08.

So
06.08.

August

Woche 32 / 2017

Mo
07.08.

Di
08.08.

Mi
09.08.

Do
10.08.

Fr
11.08.

Sa
12.08.

So
13.08.

August

Woche 33 / 2017

Mo
14.08.

Di Mariä Himmelfahrt
15.08.

Mi
16.08.

Do
17.08.

Fr
18.08.

Sa
19.08.

So
20.08.

August

Woche 34 / 2017

Mo
21.08.

Di
22.08.

Mi
23.08.

Do
24.08.

Fr
25.08.

Sa
26.08.

So
27.08.

August - September

Woche 35 / 2017

Mo
28.08.

Di
29.08.

Mi
30.08.

Do
31.08.

Fr
01.09.

Sa
02.09.

So
03.09.

September

Woche 36 / 2017

Mo
04.09.

Di
05.09.

Mi
06.09.

Do
07.09.

Fr
08.09.

Sa
09.09.

So
10.09.

September

Woche 37 / 2017

Mo
11.09.

Di
12.09.

Mi
13.09.

Do
14.09.

Fr
15.09.

Sa
16.09.

So
17.09.

September

Woche 38 / 2017

Mo
18.09.

Di
19.09.

Mi
20.09.

Do
21.09.

Fr
22.09.

Sa
23.09.

So
24.09.

September - Oktober

Woche 39 / 2017

Mo
25.09.

Di
26.09.

Mi
27.09.

Do
28.09.

Fr
29.09.

Sa
30.09.

So
01.10.

Oktober

Woche 40 / 2017

Mo 02.10.

Di 03.10. — Tag der Deutschen Einheit

Mi 04.10.

Do 05.10.

Fr 06.10.

Sa 07.10.

So 08.10.

Oktober

Woche 41 / 2017

Mo
09.10.

Di
10.10.

Mi
11.10.

Do
12.10.

Fr
13.10.

Sa
14.10.

So
15.10.

Oktober
Woche 42 / 2017

Mo
16.10.

Di
17.10.

Mi
18.10.

Do
19.10.

Fr
20.10.

Sa
21.10.

So
22.10.

Oktober

Woche 43 / 2017

Mo
23.10.

Di
24.10.

Mi
25.10.

Do
26.10.

Fr
27.10.

Sa
28.10.

So
29.10.

Oktober - November

Woche 44 / 2017

Mo 30.10.

Di 31.10. — Reformationstag

Mi 01.11. — Allerheiligen

Do 02.11.

Fr 03.11.

Sa 04.11.

So 05.11.

November

Woche 45 / 2017

Mo
06.11.

Di
07.11.

Mi
08.11.

Do
09.11.

Fr
10.11.

Sa
11.11.

So
12.11.

November

Woche 46 / 2017

Mo
13.11.

Di
14.11.

Mi
15.11.

Do
16.11.

Fr
17.11.

Sa
18.11.

So
19.11.

November

Woche 47 / 2017

Mo
20.11.

Di
21.11.

Mi Buß- und Bettag
22.11.

Do
23.11.

Fr
24.11.

Sa
25.11.

So
26.11.

November - Dezember

Woche 48 / 2017

Mo
27.11.

Di
28.11.

Mi
29.11.

Do
30.11.

Fr
01.12.

Sa
02.12.

So
03.12.

Dezember

Woche 49 / 2017

Mo
04.12.

Di
05.12.

Mi
06.12.

Do
07.12.

Fr
08.12.

Sa
09.12.

So
10.12.

Dezember

Woche 50 / 2017

Mo
11.12.

Di
12.12.

Mi
13.12.

Do
14.12.

Fr
15.12.

Sa
16.12.

So
17.12.

Dezember

Woche 51 / 2017

Mo
18.12.

Di
19.12.

Mi
20.12.

Do
21.12.

Fr
22.12.

Sa
23.12.

So
24.12. — Heiligabend

Dezember

Woche 52 / 2017

Mo 1. Weihnachtstag
25.12.

Di 2. Weihnachtstag
26.12.

Mi
27.12.

Do
28.12.

Fr
29.12.

Sa
30.12.

So Silvester
31.12.

Januar

Woche 1 / 2018

Mo Neujahr
01.01.

Di
02.01.

Mi
03.01.

Do
04.01.

Fr
05.01.

Sa Heilige Drei Könige
06.01.

So
07.01.

Notizen

Notizen